쓰면 외워지는
영어패턴 필기노트

지은이 넥서스콘텐츠개발팀
펴낸이 안용백
펴낸곳 (주)넥서스

초판 1쇄 발행 2015년 11월 10일
초판 2쇄 발행 2015년 11월 15일

출판신고 1992년 4월 3일 제311-2002-2호
04044 서울시 마포구 양화로 8길 24
Tel (02)330-5500 Fax (02)330-5555

ISBN 979-11-5752-569-0 13740

저자와 출판사의 허락 없이 내용의 일부를
인용하거나 발췌하는 것을 금합니다.
저자와의 협의에 따라서 인지는 붙이지 않습니다.

가격은 뒤표지에 있습니다.
잘못 만들어진 책은 구입처에서 바꾸어 드립니다.

www.nexusbook.com

쓰면 외워지는
영어패턴 필기노트

넥서스콘텐츠개발팀 지음

들어가기 전

직접 말을 해 봐야 외국어 회화 실력이 는다는 것은 너무나 자명한 사실입니다. 하지만 눈으로 보고 입으로 따라 말하기를 반복하더라도, 공부한 문장이 잘 생각나지 않는 경우가 많습니다. 현실에서는 외국인과 직접 말해 볼 수 있는 기회가 흔치 않으니 금세 잊어버리게 되는 것이죠.

"어떻게 하면 공부한 문장을 오래 기억할 수 있을까?"
이 책은 이런 현실적인 고민에서 출발했습니다.

고민의 답은 아이들이 처음 문자를 배우는 모습을 보면서 찾을 수 있었습니다. 아이들이 처음 '한글'을 배울 때 'ㄱ'이란 글자를 눈으로 보고, '기역'이라고 입으로 소리 내어 말을 하죠? 그리고 거기서 그치지 않고 노트에 연필로 'ㄱ'을 씁니다. 언어를 제대로 익힐 때는 이렇게 '쓰기' 과정을 거치게 됩니다. 언어를 제 것으로 만들려면 눈으로 읽고 입으로 말하는 것뿐만 아니라 '손으로 쓰는' 과정이 필요한 것이죠.

손으로 쓰면서 공부하면 입으로만 외는 것보다 훨씬 기억에 오래 남습니다. 손을 사용했을 때 우리의 뇌는 입력된 정보를 더 오래 기억하기 때문이죠. 익히고자 하는 문장을 손으로 쓰고(write) 소리 내어 말해 보면(and speak) 그 문장이 머릿속에 각인되어 온전히 내 것이 됩니다. 특히 문장을 통암기할 때 '쓰면서 외우는' 학습법은 더 효과적일 수 있습니다.

'쓰기(writing)'가 분명 암기에 도움이 되지만, 무작정 여러 번 쓴다고 해서 그 문장을 외울 수 있는 것은 아닙니다. '듣기', '쓰기', '말하기'의 세 박자가 맞아야 합니다. 꼭 책에서 제시하는 3단계 학습법을 따라 해 주세요. 그냥 쓰기만 해서는 '손 고생'밖에 안 된답니다. 간단하고 쉬워 보여도 어떻게 하느냐에 따라 그 결과는 달라질 것입니다. 제대로 학습한다면 15일 후에는 영어회화 300문장을 통암기할 수 있게 됩니다.

이 책은 보기만 하는 영어 책이 아니라 여러분이 직접 쓰면서(write) 만들어가는 책입니다.
세상에서 하나뿐인 나만의 영어 공부 노트를 만들어 보세요.
Good luck!

MP3 100% 활용법

듣기 귀찮으니 그냥 책만 보신다고요? Oh, no!!!
외국어 학습에서 음원 듣기는 필수(!)입니다. 책만 보고 무작정 쓰는 노가다는 이제 그만!
이 책은 '일단 듣기'와 '회화 연습' 두 가지 버전의 MP3 파일을 제공합니다.

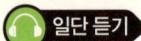 **일단 듣기**

우리말 해석과 영어 문장이 녹음되어 있습니다.
말 그대로 일단 먼저 들어 보세요. 책을 보지 않고 듣기만 해도 공부가 됩니다.

✓ check point!
- 원어민 발음을 확인한다.
- '이런 말을 영어로는 이렇게 하는구나' 이해한다.
- 들릴 때까지 반복해서 듣는다.

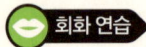 **회화 연습**

우리말 해석을 듣고 각자 영어로 말해 보세요.
2초 후에 나오는 원어민 음성을 들으면서 영어 표현을 확인합니다.

✓ check point!
- 제대로 외웠는지 확인한다.
- 원어민 발음에 가깝게 말하도록 반복 훈련한다.
- 우리말 해석을 듣고 바로 영어 표현이 생각나지 않는다면 다시 복습한다.

🖱 **MP3 무료로 다운받기**

1 www.nexusbook.com에서
도서명으로 검색하여 다운받으세요.

2 스마트폰에서 바로 듣기!
스마트폰으로 책 속의 QR코드를
찍어 보세요.

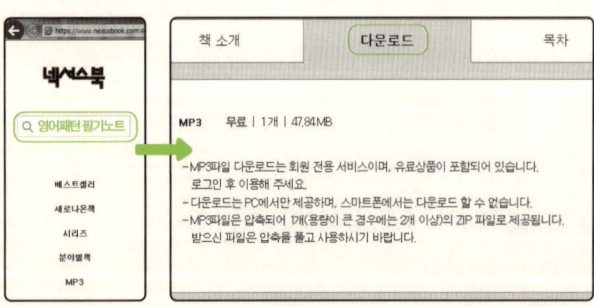

이 책을 미리 본
도서 체험단의 학습후기

 비슷한 패턴을 한 번에 쓰고 외우니까 쓰기도 좋고 머릿속에 더 잘 들어옵니다. 시중에 나온 영어회화 책과는 확실한 차별성이 있어요. ★박하나(대학생)

회화는 무작정 말만 하면 되는 줄 알았는데 이렇게 쓰고, 듣고, 말하는 체계적인 과정을 거치니까 더 잘 외워지네요. 다음 편이 기대돼요. ★권혜인(취업준비생)

 이 책은 쉬운 단어들로만 이루어져 있는데, 실제 외국인이 일상생활에서 자주 쓰는 패턴으로 만든 문장들만 있어서 상황별 대화를 익히고 말하는 데 도움이 돼요. ★강신오(엔지니어)

패턴을 익히는 식의 학습이다 보니 자연스럽게 반복 학습이 되네요. 비슷한 문장들을 계속해서 듣고 쓰고 따라서 말하다 보면 자연스럽게 기억이 될 것 같아요. ★이소영(자영업)

 일상생활 속에서 자주 쓰이는 말들이라 유익함에서 별이 다섯 개!!★★★★★ 복잡한 거 싫어하는 제게 딱이에요. 또 그때그때 듣고 싶은 표현들을 QR코드를 찍어 바로바로 들을 수 있어서 편하고 좋았어요. ★김희연(직장인)

평소에 하고 싶은데 말하지 못 했던 구문들과 패턴들이 여기에 모여 있네요. 여기 있는 패턴들만 외워도 영어로 할 수 있는 말이 늘겠어요. ★이정현(연구원)

영어패턴 필기노트

I'm -ing ~하고 있어
I'm going to... ~할 거야
I'm not going to... ~ 안 할 거야
I was going to... ~하려고 했어

일단 듣기
MP3 001-020

회화 연습
MP3 001-020

내 머릿속 지우개는 NO!
효과 100% 절대 암기법

일단 듣기 ➡ 쓰면서 자동암기 ➡ 회화연습

I'm -ing
~하고 있어

STEP 1 >> 일단 듣기

듣고 있어.
I'm listening.

가고 있어.
I'm coming.

그럭저럭 지내고 있어.
I'm doing okay.

나 누구 기다리고 있어.
I'm expecting someone.

일자리를 찾고 있어.
I'm looking for a job.

MP3 001-020

STEP 2 » 3번 쓰기

✏️ I'm listening.

✏️ I'm coming.

✏️ I'm doing okay.

✏️ I'm expecting someone.

✏️ I'm looking for a job.

STEP 3 » 말하기

I'm going to...
~ 할 거야

STEP 1 >> 일단 듣기

006

나 늦을 거야.
I'm going to be late.

007

네가 그리울 거야.
I'm going to miss you.

008

내가 도와줄 거야.
I'm going to help you.

009

TV 볼 거야.
I'm going to watch some TV.

010

곧 엄마가 될 거야.
I'm going to be a mother.

STEP 2 » 3번 쓰기

STEP 3 » 말하기

I'm going to be late.

I'm going to miss you.

I'm going to help you.

I'm going to watch some TV.

I'm going to be a mother.

I'm not going to...
~ 안 할 거야

STEP 1 » 일단 듣기

걱정 안 할 거야.
I'm not going to worry.

결혼 안 할 거야.
I'm not going to marry.

그거 다시는 안 할 거야.
I'm not going to do that again.

시간 낭비 안 할 거야.
I'm not going to waste my time.

포기하지 않을 거야.
I'm not going to give up.

STEP 2 » 3번 쓰기   STEP 3 » 말하기

✏️ I'm not going to worry.

✏️ I'm not going to marry.

✏️ I'm not going to do that again.

✏️ I'm not going to waste my time.

✏️ I'm not going to give up.

I was going to...
~하려고 했어

STEP 1 » 일단 듣기

너한테 말하려고 했어.
I was going to tell you.

너한테 문자 보내려고 했어.
I was going to text you.

방 청소 하려고 했어.
I was going to clean my room.

의사가 되려고 했어.
I was going to be a doctor.

막 그거 하려고 했어.
I was just going to do it.

STEP 2 » 3번 쓰기

STEP 3 » 말하기

I was going to tell you.

I was going to text you.

I was going to clean my room.

I was going to be a doctor.

I was just going to do it.

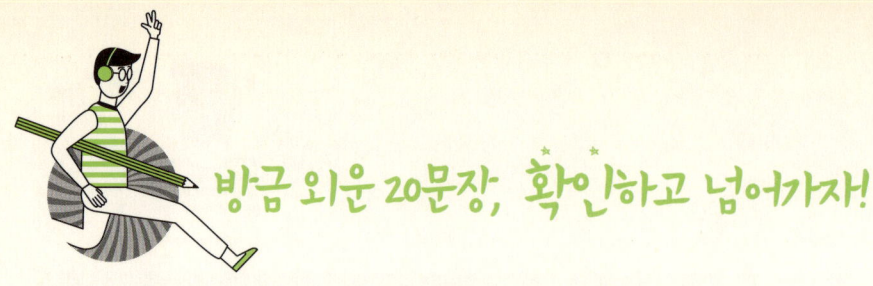

방금 외운 20문장, 확인하고 넘어가자!

이 말, 영어로는 뭐라고 할까요? 다시 한번 쓰면서 말해 보세요.

듣고 있어.	그럭저럭 지내고 있어.
너한테 말하려고 했어.	나 누구 기다리고 있어.
내가 도와줄 거야.	의사가 되려고 했어.
나 늦을 거야.	너한테 문자 보내려고 했어.
TV 볼 거야.	걱정 안 할 거야.
결혼 안 할 거야.	일자리를 찾고 있어.
그거 다시는 안 할 거야.	네가 그리울 거야.
막 그거 하려고 했어.	방 청소 하려고 했어.
가고 있어.	포기하지 않을 거야.
곧 엄마가 될 거야.	시간낭비 안 할 거야.

영어패턴 필기노트

I'm (not) good at... ~ 잘 (못)해
I'm (not) interested in... ~에 관심 있어(없어)
I'm (not) sure... ~인 게 확실해(~인지 잘 모르겠어)
I'm sorry... ~해서 미안해, ~이라니 유감이야

일단 듣기
🎧 MP3 021-040

회화 연습
🎧 MP3 021-040

내 머릿속 지우개는 NO!
효과 100%
절대 암기법

일단 듣기 ➡ 쓰면서 자동암기 ➡ 회화 연습

I'm (not) good at...
~ 잘 (못)해

MP3 021-040

STEP 1 ≫ 일단 듣기

021

나 수학 잘해.
I'm good at math.

022

나 요리 잘해.
I'm good at cooking.

023

난 계획을 정말 잘 세워.
I'm really good at making plans.

024

난 영어를 잘 못해.
I'm not good at English.

025

난 얼굴을 잘 기억 못해.
I'm not good at remembering faces.

STEP 2 >> 3번 쓰기　　　　　　　　STEP 3 >> 말하기

✎ I'm good at math.

✎ I'm good at cooking.

✎ I'm really good at making plans.

✎ I'm not good at English.

✎ I'm not good at remembering faces.

I'm (not) interested in...
~에 관심 있어(없어)

STEP 1 » 일단 듣기

나 너한테 관심 있어.
I'm interested in you.

주식에 관심이 있어.
I'm interested in buying stocks.

네 과거에는 관심 없어.
I'm not interested in your past.

스포츠에는 전혀 관심이 없어.
I'm not interested in sports at all.

네가 하는 말엔 관심 없어.
I'm not interested in what you're saying.

STEP 2 >> 3번 쓰기   STEP 3 >> 말하기

✏️ I'm interested in you.

✏️ I'm interested in buying stocks.

✏️ I'm not interested in your past.

✏️ I'm not interested in sports at all.

✏️ I'm not interested in what you're saying.

I'm (not) sure...
~인 게 확실해(~인지 잘 모르겠어)

STEP 1 » 일단 듣기

분명히 네 말이 맞을 거야.
I'm sure you're right.

분명히 괜찮아질 거야.
I'm sure it will be okay.

걔도 나를 사랑하는 게 분명해.
I'm sure she loves me, too.

답이 확실한지 잘 모르겠어.
I'm not sure about the answer.

이게 사랑인지 모르겠어.
I'm not sure if this is love.

STEP 2 » 3번 쓰기   STEP 3 » 말하기

✏️ I'm sure you're right.

✏️ I'm sure it will be okay.

✏️ I'm sure she loves me, too.

✏️ I'm not sure about the answer.

✏️ I'm not sure if this is love.

I'm sorry...
~해서 미안해, ~이라니 유감이야

STEP 1 » 일단 듣기

늦어서 미안해.
I'm sorry I'm late.

어젯밤 일은 미안해.
I'm sorry for last night.

그것참 유감이야.
I'm sorry about that.

깨워서 미안.
I'm sorry to wake you up.

내가 상처를 줬다면 미안해.
I'm sorry if I hurt you.

STEP 2 ≫ 3번 쓰기　　　　STEP 3 ≫ 말하기

✎ I'm sorry I'm late.

✎ I'm sorry for last night.

✎ I'm sorry about that.

✎ I'm sorry to wake you up.

✎ I'm sorry if I hurt you.

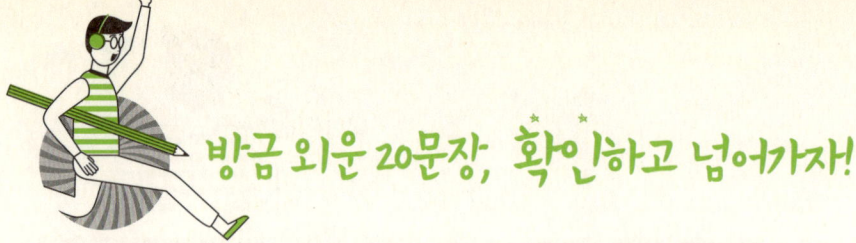

방금 외운 20문장, 확인하고 넘어가자!

이 말, 영어로는 뭐라고 할까요? 다시 한번 쓰면서 말해 보세요.

어젯밤 일은 미안해.	나 너한테 관심 있어.
분명히 괜찮아질 거야.	걔도 나를 사랑하는 게 분명해.
내가 상처를 줬다면 미안해.	네가 하는 말엔 관심 없어.
이게 사랑인지 모르겠어.	난 계획을 정말 잘 세워.
나 요리 잘해.	주식에 관심이 있어.
난 영어를 잘 못해.	난 얼굴을 잘 기억 못해.
답이 확실한지 잘 모르겠어.	깨워서 미안.
네 과거에는 관심 없어.	그것참 유감이야.
늦어서 미안해.	스포츠에는 전혀 관심이 없어.
분명히 네 말이 맞을 거야.	나 수학 잘해.

영어패턴 필기노트

I want to... ~하고 싶어
I don't want to... ~하고 싶지 않아
I just wanted to... 그냥 ~하고 싶었을 뿐이야
I want you to... 네가 ~하면 좋겠어

일단 듣기
🎧 MP3 041-060

회화 연습
🎧 MP3 041-060

내 머릿속 지우개는 NO!
효과 **100%**
절대 암기법

일단 듣기 ➡ 쓰면서 자동암기 ➡ 회화연습

I want to...
~하고 싶어

STEP 1 >> 일단 듣기

울고 싶어.
I want to cry.

집에 가고 싶어.
I want to go home.

회사 그만두고 싶어.
I want to quit my job.

널 곧 만나고 싶어.
I want to meet you soon.

너한테 뭐 좀 물어보고 싶은데.
I want to ask you something.

MP3 041-060

STEP 2 » 3번 쓰기   STEP 3 » 말하기

✏️ I want to cry.

✏️ I want to go home.

✏️ I want to quit my job.

✏️ I want to meet you soon.

✏️ I want to ask you something.

I don't want to...
~하고 싶지 않아

STEP 1 » 일단 듣기

학교에 가고 싶지 않아.
I don't want to go to school.

그건 대답하고 싶지 않아.
I don't want to answer it.

널 방해하고 싶지 않아.
I don't want to bother you.

그 얘긴 하고 싶지 않아.
I don't want to talk about it.

너랑 헤어지고 싶지 않아.
I don't want to break up with you.

STEP 2 >> 3번 쓰기

✎ I don't want to go to school.

✎ I don't want to answer it.

✎ I don't want to bother you.

✎ I don't want to talk about it.

✎ I don't want to break up with you.

STEP 3 >> 말하기

I just wanted to...
그냥 ~하고 싶었을 뿐이야

STEP 1 » 일단 듣기

051

그냥 너한테 물어보고 싶었을 뿐이야.
I just wanted to ask you.

052

그냥 널 기쁘게 해 주고 싶었을 뿐이야.
I just wanted to please you.

053

난 그냥 미안하단 말을 하고 싶었을 뿐이야.
I just wanted to say sorry.

054

그냥 너와 함께 있고 싶었을 뿐이야.
I just wanted to be with you.

055

그냥 너한테 그걸 알려주고 싶었을 뿐이야.
I just wanted to let you know that.

STEP 2 » 3번 쓰기   STEP 3 » 말하기

✎ I just wanted to ask you.

✎ I just wanted to please you.

✎ I just wanted to say sorry.

✎ I just wanted to be with you.

✎ I just wanted to let you know that.

I want you to...
네가 ~하면 좋겠어

STEP 1 >> 일단 듣기

056

네가 와 주면 좋겠어.
I want you to come.

057

네가 행복하면 좋겠어.
I want you to be happy.

058

네가 진실을 알아주면 좋겠어.
I want you to know the truth.

059

너도 날 좋아하면 좋겠어.
I want you to like me too.

060

날 위해 뭘 좀 해 주면 좋겠어.
I want you to do something for me.

STEP 2 » 3번 쓰기　　　　　　　　STEP 3 » 말하기

✎ I want you to come.

✎ I want you to be happy.

✎ I want you to know the truth.

✎ I want you to like me too.

✎ I want you to do something for me.

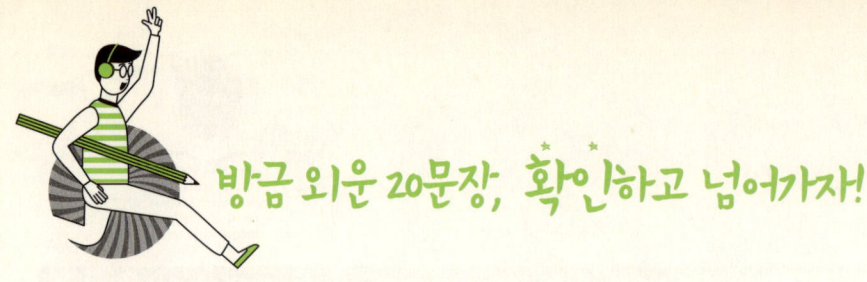

방금 외운 20문장, 확인하고 넘어가자!

이 말, 영어로는 뭐라고 할까요? 다시 한번 쓰면서 말해 보세요.

너랑 헤어지고 싶지 않아.	울고 싶어.
난 그냥 미안하단 말을 하고 싶었을 뿐이야.	그냥 너한테 물어보고 싶었을 뿐이야.
그냥 너와 함께 있고 싶었을 뿐이야.	네가 행복하면 좋겠어.
집에 가고 싶어.	학교에 가고 싶지 않아.
너도 날 좋아하면 좋겠어.	널 곧 만나고 싶어.
네가 진실을 알아주면 좋겠어.	그 얘긴 하고 싶지 않아.
너한테 뭐 좀 물어보고 싶은데.	그건 대답하고 싶지 않아.
그냥 널 기쁘게 해 주고 싶었을 뿐이야.	날 위해 뭘 좀 해 주면 좋겠어.
회사 그만두고 싶어.	그냥 너한테 그걸 알려주고 싶었을 뿐이야.
널 방해하고 싶지 않아.	네가 와 주면 좋겠어.

영어패턴 필기노트

I think… ~인 것 같아
I don't think… ~이 아닌 것 같아
I thought… ~이라고 생각했어, ~인 줄 알았어
I never thought… ~할 줄은 생각도 못했어

일단 듣기
🎧 MP3 061-080

회화 연습
🎧 MP3 061-080

내 머릿속 지우개는 NO!
효과 100% 절대 암기법

일단 듣기 → 쓰면서 자동암기 → 회화연습

I think...
~인 것 같아

MP3 061-080

STEP 1 » 일단 듣기

061

길을 잃은 것 같아.
I think I'm lost.

062

나 걔 아는 것 같아.
I think I know her.

063

끝난 것 같아.
I think it's over.

064

걔가 맞는 것 같아.
I think he's right.

065

나 감기에 걸릴 것 같아.
I think I'm gonna get a cold.

> **STEP 2 >> 3번 쓰기**　　　　　　　　**STEP 3 >> 말하기**

✏️ I think I'm lost.

✏️ I think I know her.

✏️ I think it's over.

✏️ I think he's right.

✏️ I think I'm gonna get a cold.

I don't think...
~이 아닌 것 같아

STEP 1 » 일단 듣기

066

나 그거 못할 것 같아.
I don't think I can do that.

067

그게 가능할 것 같지 않아.
I don't think it is possible.

068

네 말이 맞는 것 같지 않아.
I don't think you're right.

069

그건 좋은 생각이 아닌 것 같아.
I don't think that's a good idea.

070

내가 남편을 사랑하지 않는 것 같아.
I don't think I love my husband.

STEP 2 » 3번 쓰기　　　　　　　　　　STEP 3 » 말하기

✎ I don't think I can do that.

✎ I don't think it is possible.

✎ I don't think you're right.

✎ I don't think that's a good idea.

✎ I don't think I love my husband.

I thought...
~이라고 생각했어, ~인 줄 알았어

STEP 1 >> 일단 듣기

071

죽는 줄 알았어.
I thought I was going to die.

072

네가 그걸 가져온 줄 알았어.
I thought you brought it.

073

내가 면접에 붙은 줄 알았어.
I thought I passed the interview.

074

네가 물어보지 않을 거라고 생각했어.
I thought you would never ask.

075

네가 다른 사람인 줄 알았어.
I thought you were someone else.

STEP 2 » 3번 쓰기 STEP 3 » 말하기

✎ I thought I was going to die.

✎ I thought you brought it.

✎ I thought I passed the interview.

✎ I thought you would never ask.

✎ I thought you were someone else.

I never thought...
~할 줄은 생각도 못했어

STEP 1 » 일단 듣기

076

그게 너일 줄은 생각도 못했어.
I never thought it was you.

077

내가 다시 사랑을 할 줄은 생각도 못했어.
I never thought I could love again.

078

네가 날 탓할 줄은 생각도 못했어.
I never thought you would blame me.

079

널 여기서 볼 줄은 생각도 못했어.
I never thought I'd see you here.

080

내가 TV에 나올 줄은 생각도 못했어.
I never thought I'd be on TV.

STEP 2 » 3번 쓰기　　　　　　　　　　STEP 3 » 말하기

✎ I never thought it was you.

✎ I never thought I could love again.

✎ I never thought you would blame me.

✎ I never thought I'd see you here.

✎ I never thought I'd be on TV.

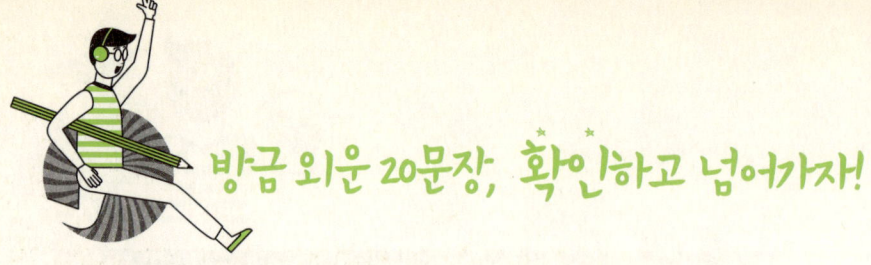

방금 외운 20문장, 확인하고 넘어가자!

이 말, 영어로는 뭐라고 할까요? 다시 한번 쓰면서 말해 보세요.

네가 물어보지 않을 거라고 생각했어.	나 그거 못할 것 같아.
내가 면접에 붙은 줄 알았어.	길을 잃은 것 같아.
걔가 맞는 것 같아.	나 걔 아는 것 같아.
내가 TV에 나올 줄은 생각도 못했어.	네가 그걸 가져온 줄 알았어.
그게 너일 줄은 생각도 못했어.	네 말이 맞는 것 같지 않아.
그게 가능할 것 같지 않아.	나 감기에 걸릴 것 같아.
죽는 줄 알았어.	그건 좋은 생각이 아닌 것 같아.
네가 다른 사람인 줄 알았어.	널 여기서 볼 줄은 생각도 못했어.
네가 날 탓할 줄은 생각도 못했어.	내가 남편을 사랑하지 않는 것 같아.
내가 다시 사랑을 할 줄은 생각도 못했어.	끝난 것 같아.

영어패턴 필기노트

I like... ~을 좋아해
I don't like... ~을 안 좋아해
I don't feel like... ~하고 싶지 않아
I'd like to... ~하고 싶어

일단 듣기	회화 연습
🎧 MP3 081-100 	🎧 MP3 081-100

내 머릿속 지우개는 NO!
효과 100%
절대 암기법

일단 듣기 → 쓰면서 자동암기 → 회화 연습

I like...
~을 좋아해

MP3 081-100

STEP 1 » 일단 듣기

081

나 미드 좋아해.
I like American TV series.

082

네 스타일이 맘에 들어.
I like your style.

083

난 외식을 좋아해.
I like to eat out.

084

난 사진 찍는 걸 좋아해.
I like to take pictures.

085

난 독서를 좋아해.
I like reading books.

MP3 081-100

STEP 2 » 3번 쓰기　　　　　　　　　　STEP 3 » 말하기

✎ I like American TV series.

✎ I like your style.

✎ I like to eat out.

✎ I like to take pictures.

✎ I like reading books.

I don't like...
~을 안 좋아해

STEP 1 » 일단 듣기

난 회를 안 좋아해.
I don't like sushi.

난 그 디자인 싫어.
I don't like the design.

혼자 있는 걸 안 좋아해.
I don't like to be alone.

간식 먹는 거 안 좋아해.
I don't like to eat between meals.

주말에 일하는 거 안 좋아해.
I don't like working on weekends.

STEP 2 » 3번 쓰기   STEP 3 » 말하기

✎ I don't like sushi.

✎ I don't like the design.

✎ I don't like to be alone.

✎ I don't like to eat between meals.

✎ I don't like working on weekends.

I don't feel like...
~하고 싶지 않아

STEP 1 » 일단 듣기

091

말할 기분이 아니야.
I don't feel like talking.

092

아무것도 먹고 싶지 않아.
I don't feel like eating anything.

093

오늘 밤은 술 마실 기분이 아니야.
I don't feel like drinking tonight.

094

농담할 기분이 아니야.
I don't feel like joking around.

095

오늘은 놀 기분이 아니야.
I don't feel like hanging out today.

STEP 2 » 3번 쓰기   STEP 3 » 말하기

✎ I don't feel like talking.

✎ I don't feel like eating anything.

✎ I don't feel like drinking tonight.

✎ I don't feel like joking around.

✎ I don't feel like hanging out today.

I'd like to...
~하고 싶어

STEP 1 » 일단 듣기

096

산책하고 싶어.
I'd like to take a walk.

097

이거 반품하고 싶어요.
I'd like to return this.

098

이거 입어 보고 싶은데요.
I'd like to try this on.

099

헤어스타일 바꾸고 싶어.
I'd like to change my hairstyle.

100

오늘 밤에 너랑 데이트하고 싶어.
I'd like to go out with you tonight.

STEP 2 » 3번 쓰기　　　　　　　　STEP 3 » 말하기

✎ I'd like to take a walk.

✎ I'd like to return this.

✎ I'd like to try this on.

✎ I'd like to change my hairstyle.

✎ I'd like to go out with you tonight.

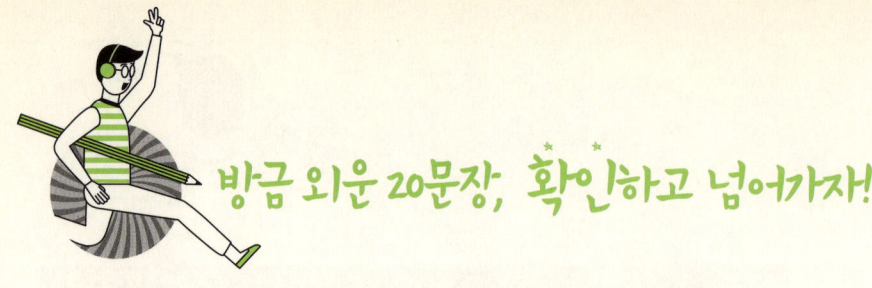

방금 외운 20문장, 확인하고 넘어가자!

이 말, 영어로는 뭐라고 할까요? 다시 한번 쓰면서 말해 보세요.

오늘 밤에 너랑 데이트하고 싶어.	헤어스타일 바꾸고 싶어.
나 미드 좋아해.	난 회를 안 좋아해.
농담할 기분이 아니야.	혼자 있는 걸 안 좋아해.
난 독서를 좋아해.	이거 반품하고 싶어요.
간식 먹는 거 안 좋아해.	오늘 밤은 술 마실 기분이 아니야.
아무것도 먹고 싶지 않아.	난 사진 찍는 걸 좋아해.
오늘은 놀 기분이 아니야.	네 스타일이 맘에 들어.
주말에 일하는 거 안 좋아해.	말할 기분이 아니야.
난 그 디자인 싫어.	난 외식을 좋아해.
이거 입어 보고 싶은데요.	산책하고 싶어.

영어패턴 필기노트

I'm trying (not) to... ~(안)하려고 노력 중이야

I need to... ~해야 돼

I forgot... ~(하는 걸) 깜빡했어, 잊어버렸어

I told you (not) to... 내가 ~해(지 말)라고 했잖아

일단 듣기
🎧 MP3 101-120

회화 연습
🎧 MP3 101-120

내 머릿속 지우개는 NO!
효과 100% 절대 암기법

일단 듣기 → 쓰면서 자동암기 → 회화연습

I'm trying (not) to...
~(안)하려고 노력 중이야

STEP 1 >> 일단 듣기

101

기억하려고 노력 중이야.
I'm trying to remember.

102

직장을 구하려고 노력 중이야.
I'm trying to get a job.

103

널 이해하려고 노력 중이야.
I'm trying to understand you.

104

매일 영어 공부를 하려고 노력 중이야.
I'm trying to study English every day.

105

걔한테 문자 보내지 않으려고 애쓰고 있어.
I'm trying not to text him.

MP3 101-120

STEP 2 » 3번 쓰기   STEP 3 » 말하기

✎ I'm trying to remember.

✎ I'm trying to get a job.

✎ I'm trying to understand you.

✎ I'm trying to study English every day.

✎ I'm trying not to text him.

I need to...
~해야 돼

STEP 1 » 일단 듣기

지금 가야 돼.
I need to go now.

병원에 가 봐야 돼.
I need to see a doctor.

이력서 써야 돼.
I need to write my resume.

난 돈을 벌어야 돼.
I need to make money.

공부해야 되는데 하기가 싫어.
I need to study, but I don't want to.

STEP 2 » 3번 쓰기   STEP 3 » 말하기

✎ I need to go now.

✎ I need to see a doctor.

✎ I need to write my resume.

✎ I need to make money.

✎ I need to study, but I don't want to.

I forgot...
~(하는 걸) 깜빡했어, 잊어버렸어

STEP 1 » 일단 듣기

걔 이름을 잊어버렸어.
I forgot his name.

너한테 전화하는 걸 깜빡했어.
I forgot to call you.

문 잠그는 걸 깜빡했어.
I forgot to lock the door.

휴대폰 가져오는 걸 완전히 깜빡했어.
I completely forgot to bring my phone.

더 이상 여기에 살지 않는 걸 깜빡했어.
I forgot I don't live here anymore.

STEP 2 » 3번 쓰기　　　　　　　　　STEP 3 » 말하기

✏️ I forgot his name.

✏️ I forgot to call you.

✏️ I forgot to lock the door.

✏️ I completely forgot to bring my phone.

✏️ I forgot I don't live here anymore.

I told you (not) to...
내가 ~하(지 말)라고 했잖아

STEP 1 » 일단 듣기

내가 여기서 기다리라고 했잖아.
I told you to wait here.

내가 조심하라고 했잖아.
I told you to be careful.

날 내버려 두라고 했잖아.
I told you to leave me alone.

거기 가지 말라고 했잖아.
I told you not to go there.

아무한테도 말하지 말라고 했잖아.
I told you not to tell anyone.

STEP 2 » 3번 쓰기　　　　　　　　　　　　STEP 3 » 말하기

✏ I told you to wait here.

✏ I told you to be careful.

✏ I told you to leave me alone.

✏ I told you not to go there.

✏ I told you not to tell anyone.

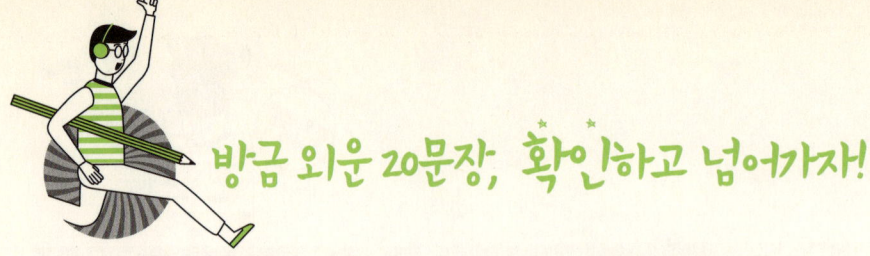

방금 외운 20문장, 확인하고 넘어가자!

이 말, 영어로는 뭐라고 할까요? 다시 한번 쓰면서 말해 보세요.

공부해야 되는데 하기가 싫어.	문 잠그는 걸 깜빡했어.
걔한테 문자 보내지 않으려고 애쓰고 있어.	직장을 구하려고 노력 중이야.
거기 가지 말라고 했잖아.	아무한테도 말하지 말라고 했잖아.
이력서 써야 돼.	걔 이름을 잊어버렸어.
기억하려고 노력 중이야.	더 이상 여기에 살지 않는 걸 깜빡했어.
매일 영어 공부를 하려고 노력 중이야.	난 돈을 벌어야 돼.
날 내버려 두라고 했잖아.	병원에 가 봐야 돼.
휴대폰 가져오는 걸 완전히 깜빡했어.	너한테 전화하는 걸 깜빡했어.
지금 가야 돼.	내가 여기서 기다리라고 했잖아.
내가 조심하라고 했잖아.	널 이해하려고 노력 중이야.

영어패턴 필기노트

Are you...? ~이야?, ~해?
Are you going to...? ~할 거야?
Do you think...? ~한 것 같아?
Do you want to...? ~하고 싶어?

일단 듣기 MP3 121-140

회화 연습 MP3 121-140

내 머릿속 지우개는 NO!
효과 100%
절대 암기법

일단 듣기 → 쓰면서 자동암기 → 회화연습

Are you...?
~이야?, ~해?

MP3 121-140

STEP 1 » 일단 듣기

121

확실해?
Are you sure?

122

거기 있어요?
Are you there?

123

배고파?
Are you hungry?

124

진심이야?
Are you serious?

125

내일 바빠?
Are you busy tomorrow?

STEP 2 » 3번 쓰기   STEP 3 » 말하기

✏️ Are you sure?

✏️ Are you there?

✏️ Are you hungry?

✏️ Are you serious?

✏️ Are you busy tomorrow?

Are you going to...?
~할 거야?

STEP 1 » 일단 듣기

126

사진 찍을 거야?
Are you going to take a picture?

127

이거 오늘까지 끝낼 거지?
Are you going to finish it today?

128

나한테 나중에 말해 줄 거야?
Are you going to tell me later?

129

벌써 자려고?
Are you going to sleep already?

130

그거 살 거야 말 거야?
Are you going to buy it or not?

STEP 2 » 3번 쓰기

STEP 3 » 말하기

Are you going to take a picture?

Are you going to finish it today?

Are you going to tell me later?

Are you going to sleep already?

Are you going to buy it or not?

Do you think...?
~한 것 같아?

STEP 1 » 일단 듣기

131

걔 잘생긴 것 같아?
Do you think he's handsome?

132

넌 네가 똑똑한 것 같아?
Do you think you're smart?

133

걔가 날 좋아하는 것 같아?
Do you think she likes me?

134

이거 나한테 잘 어울리는 것 같아?
Do you think this looks good on me?

135

괜찮아질 것 같아?
Do you think it'll be okay?

STEP 2 ≫ 3번 쓰기　　　　　　　　STEP 3 ≫ 말하기

✎ Do you think he's handsome?

✎ Do you think you're smart?

✎ Do you think she likes me?

✎ Do you think this looks good on me?

✎ Do you think it'll be okay?

Do you want to...?

~하고 싶어?

STEP 1 » 일단 듣기

나랑 얘기하고 싶어?
Do you want to talk with me?

메시지 남기고 싶으세요?
Do you want to leave a message?

눈사람 만들고 싶어?
Do you want to build a snowman?

이거 집에 가져갈래?
Do you want to take this home?

나랑 저녁 먹을래?
Do you want to have dinner with me?

STEP 2 >> 3번 쓰기   STEP 3 >> 말하기

✎ Do you want to talk with me?

✎ Do you want to leave a message?

✎ Do you want to build a snowman?

✎ Do you want to take this home?

✎ Do you want to have dinner with me?

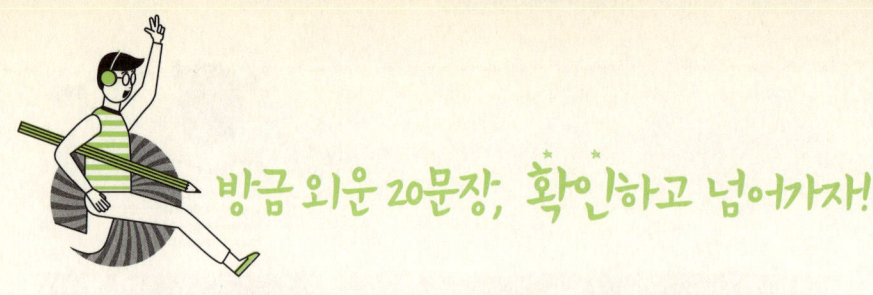

방금 외운 20문장, 확인하고 넘어가자!

이 말, 영어로는 뭐라고 할까요? 다시 한번 쓰면서 말해 보세요.

배고파?	이거 나한테 잘 어울리는 것 같아?
진심이야?	걔가 날 좋아하는 것 같아?
나한테 나중에 말해 줄 거야?	벌써 자려고?
나랑 저녁 먹을래?	괜찮아질 것 같아?
이거 오늘까지 끝낼 거지?	메시지 남기고 싶으세요?
내일 바빠?	확실해?
거기 있어요?	사진 찍을 거야?
눈사람 만들고 싶어?	넌 네가 똑똑한 것 같아?
나랑 얘기하고 싶어?	이거 집에 가져갈래?
걔 잘생긴 것 같아?	그거 살 거야 말 거야?

영어패턴 필기노트

It's time to… ~할 시간이야, ~할 때야
Is it…? ~이야?, ~해?
Is it okay if…? ~해도 돼?
Is it possible to…? ~할 수 있어?

일단 듣기
🎧 MP3 141-160

회화 연습
🎧 MP3 141-160

내 머릿속 지우개는 NO!
효과 100% 절대 암기법

일단 듣기 → 쓰면서 자동암기 → 회화연습

It's time to...
~할 시간이야, ~할 때야

MP3 141-160

STEP 1 » 일단 듣기

141

집에 갈 시간이야.
It's time to go home.

142

치울 시간이야.
It's time to clean up.

143

헤어질 시간이야.
It's time to say goodbye.

144

결정을 내릴 때야.
It's time to make up your mind.

145

이제 뭔가를 해야 할 때야.
Now it's time to do something about it.

STEP 2 » 3번 쓰기

✏️ It's time to go home.

✏️ It's time to clean up.

✏️ It's time to say goodbye.

✏️ It's time to make up your mind.

✏️ Now it's time to do something about it.

STEP 3 » 말하기

Is it...?
~이야?, ~해?

STEP 1 » 일단 듣기

146

나쁜이야?
Is it just me?

147

밖에 추워?
Is it cold outside?

148

여기서 멀어?
Is it far from here?

149

정말 그렇게 이상해?
Is it really so strange?

150

아직도 비 와?
Is it still raining?

STEP 2 » 3번 쓰기   STEP 3 » 말하기

✏️ Is it just me?

✏️ Is it cold outside?

✏️ Is it far from here?

✏️ Is it really so strange?

✏️ Is it still raining?

Is it okay if...?
~해도 돼?

STEP 1 » 일단 듣기

151

나 먼저 가도 돼?
Is it okay if I go first?

152

내가 잠깐 봐도 돼?
Is it okay if I take a look?

153

네 책 빌려 가도 돼?
Is it okay if I borrow your book?

154

퇴근하고 너한테 전화해도 돼?
Is it okay if I call you after work?

155

그거 내일 줘도 돼?
Is it okay if I give it tomorrow?

STEP 2 » 3번 쓰기 　　　　　　　　STEP 3 » 말하기

✎ Is it okay if I go first?

✎ Is it okay if I take a look?

✎ Is it okay if I borrow your book?

✎ Is it okay if I call you after work?

✎ Is it okay if I give it tomorrow?

Is it possible to...?
~할 수 있어?

STEP 1 » 일단 듣기

156

샘플 좀 얻을 수 있어요?
Is it possible to get a sample?

157

차를 렌트할 수 있어?
Is it possible to rent a car?

158

쿠폰 쓸 수 있어요?
Is it possible to use coupons?

159

하버드에 가는 게 가능할까?
Is it possible to go to Harvard?

160

거기에 걸어서 갈 수 있어?
Is it possible to get there on foot?

STEP 2 » 3번 쓰기　　　　　　　　　　STEP 3 » 말하기

✎ Is it possible to get a sample?

✎ Is it possible to rent a car?

✎ Is it possible to use coupons?

✎ Is it possible to go to Harvard?

✎ Is it possible to get there on foot?

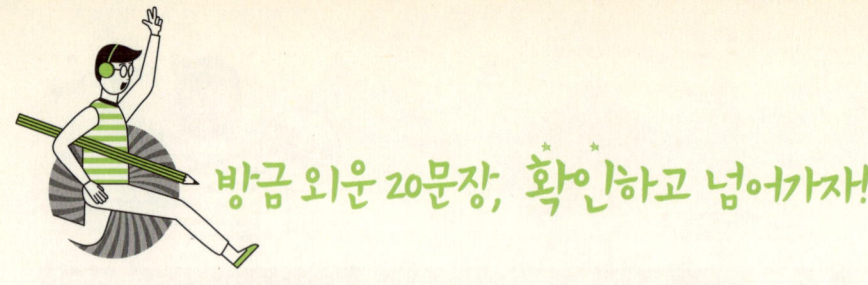

방금 외운 20문장, 확인하고 넘어가자!

이 말, 영어로는 뭐라고 할까요? 다시 한번 쓰면서 말해 보세요.

밖에 추워?	네 책 빌려 가도 돼?
샘플 좀 얻을 수 있어요?	쿠폰 쓸 수 있어요?
나뿐이야?	헤어질 시간이야.
그거 내일 줘도 돼?	집에 갈 시간이야.
퇴근하고 너한테 전화해도 돼?	아직도 비 와?
차를 렌트할 수 있어?	이제 뭔가를 해야 할 때야.
나 먼저 가도 돼?	내가 잠깐 봐도 돼?
거기에 걸어서 갈 수 있어?	결정을 내릴 때야.
여기서 멀어?	하버드에 가는 게 가능할까?
정말 그렇게 이상해?	치울 시간이야.

영어패턴 필기노트

You don't have to... ~하지 않아도 돼
You'd better (not)... ~하(지 않)는 게 좋겠어
You should... ~해야 해, ~해 봐
You shouldn't... ~하면 안 돼

 일단 듣기 MP3 161-180

 회화 연습 MP3 161-180

내 머릿속 지우개는 NO!
효과 100% 절대 암기법

일단 듣기 → 쓰면서 자동암기 → 회화 연습

You don't have to...

STEP 1 >> 일단 듣기

161

안 해도 돼.
You don't have to do it.

162

두려워하지 않아도 돼.
You don't have to be afraid.

163

사과하지 않아도 돼.
You don't have to say sorry.

164

결혼 안 해도 돼.
You don't have to get married.

165

답장하지 않아도 돼.
You don't have to text back.

MP3 161-180

STEP 2 » 3번 쓰기 STEP 3 » 말하기

✎ You don't have to do it.

✎ You don't have to be afraid.

✎ You don't have to say sorry.

✎ You don't have to get married.

✎ You don't have to text back.

91

You'd better (not)...
~하(지 않)는 게 좋겠어

STEP 1 » 일단 듣기

166

넌 잠을 좀 자는 게 좋겠어.
You'd better get some sleep.

167

다른 사람한테 물어보는 게 좋겠어.
You'd better ask someone else.

168

집에서 좀 쉬는 게 좋겠어.
You'd better take a rest at home.

169

술을 마시지 않는 게 좋겠어.
You'd better not drink alcohol.

170

걔한텐 아무 말도 안 하는 게 좋겠어.
You'd better not tell him anything.

STEP 2 >> 3번 쓰기

STEP 3 >> 말하기

You'd better get some sleep.

You'd better ask someone else.

You'd better take a rest at home.

You'd better not drink alcohol.

You'd better not tell him anything.

You should...
~해야 해, ~해 봐

STEP 1 » 일단 듣기

171

여기서 기다려.
You should wait here.

172

조심해야 해.
You should be careful.

173

병원에 좀 가 봐.
You should go and see a doctor.

174

네가 한 약속은 지켜야지.
You should keep your word.

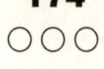
175

나한테 미리 알려줘야 해.
You should let me know in advance.

STEP 2 » 3번 쓰기　　　　　　　　STEP 3 » 말하기

✏ You should wait here.

✏ You should be careful.

✏ You should go and see a doctor.

✏ You should keep your word.

✏ You should let me know in advance.

You shouldn't...
~하면 안 돼

STEP 1 » 일단 듣기

176

넌 여기 있으면 안 돼.
You shouldn't be here.

177

그렇게 게으름 피우면 안 돼.
You shouldn't be so lazy.

178

거짓말하면 안 돼.
You shouldn't tell lies.

179

오후 7시 이후에는 먹으면 안 돼.
You shouldn't eat after 7 p.m.

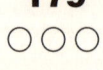

180

과식하면 안 돼.
You shouldn't overeat.

STEP 2 » 3번 쓰기   STEP 3 » 말하기

✏ You shouldn't be here.

✏ You shouldn't be so lazy.

✏ You shouldn't tell lies.

✏ You shouldn't eat after 7 p.m.

✏ You shouldn't overeat.

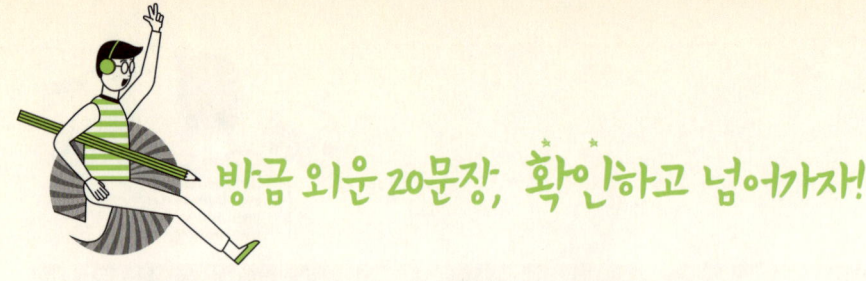

방금 외운 20문장, 확인하고 넘어가자!

이 말, 영어로는 뭐라고 할까요? 다시 한번 쓰면서 말해 보세요.

나한테 미리 알려줘야 해.	오후 7시 이후에는 먹으면 안 돼.
결혼 안 해도 돼.	과식하면 안 돼.
거짓말하면 안 돼.	술을 마시지 않는 게 좋겠어.
사과하지 않아도 돼.	집에서 좀 쉬는 게 좋겠어.
다른 사람한테 물어보는 게 좋겠어.	두려워하지 않아도 돼.
넌 여기 있으면 안 돼.	네가 한 약속은 지켜야지.
넌 잠을 좀 자는 게 좋겠어.	그렇게 게으름 피우면 안 돼.
걔한텐 아무 말도 안 하는 게 좋겠어.	여기서 기다려.
병원에 좀 가 봐.	조심해야 해.
답장하지 않아도 돼.	안 해도 돼.

영어패턴 필기노트

I can't... ~할 수 없어
I can't believe... ~(하다니) 믿을 수가 없어
Can I...? ~해도 돼?, ~할 수 있어?
Can you...? ~할 수 있어?, ~할래?

일단 듣기
🎧 MP3 181-200

회화 연습
🎧 MP3 181-200

내 머릿속 지우개는 NO!
효과 100%
절대 암기법

일단 듣기 → 쓰면서 자동암기 → 회화 연습

I can't...
~할 수 없어

MP3 181-200

STEP 1 » 일단 듣기

181

난 전혀 이해할 수 없어.
I can't understand at all.

182

그녀를 잊을 수가 없어.
I can't get over her.

183

나 그렇게 일찍 못 일어나.
I can't get up so early.

184

너한테 눈을 뗄 수가 없어.
I can't take my eyes off you.

185

생각을 멈출 수가 없어.
I can't stop thinking about it.

STEP 2 >> 3번 쓰기

✎ I can't understand at all.

✎ I can't get over her.

✎ I can't get up so early.

✎ I can't take my eyes off you.

✎ I can't stop thinking about it.

STEP 3 >> 말하기

I can't believe...
~(하다니) 믿을 수가 없어

STEP 1 » 일단 듣기

186

내 눈을 믿을 수 없어.
I can't believe my eyes.

187

더 이상 널 믿을 수 없어.
I can't believe you anymore.

188

네가 하는 말을 믿을 수 없어.
I can't believe what you say.

189

내가 해고당하다니 믿을 수 없어.
I can't believe I've got fired.

190

운전면허 시험에서 떨어졌다니 믿을 수 없어.
I can't believe I failed my driving test.

STEP 2 » 3번 쓰기　　　　　　　　STEP 3 » 말하기

✎ I can't believe my eyes.

✎ I can't believe you anymore.

✎ I can't believe what you say.

✎ I can't believe I've got fired.

✎ I can't believe I failed my driving test.

Can I...?
~해도 돼?, ~할 수 있어?

STEP 1 » 일단 듣기

191

너랑 함께 가도 돼?
Can I go with you?

192

메시지 남겨 드릴까요?
Can I take your message?

193

환불 되나요?
Can I get a refund?

194

뭐 좀 물어봐도 돼?
Can I ask you something?

195

전화번호 좀 알 수 있을까?
Can I have your phone number?

STEP 2 >> 3번 쓰기

✏️ Can I go with you?

✏️ Can I take your message?

✏️ Can I get a refund?

✏️ Can I ask you something?

✏️ Can I have your phone number?

STEP 3 >> 말하기

Can you...?
~할 수 있어?, ~할래?

STEP 1 » 일단 듣기

196

나 좀 도와줄래?
Can you help me?

197

다시 말해 줄래?
Can you repeat that?

198

부탁 좀 들어줄 수 있어요?
Can you do me a favor?

199

포장해 주실 수 있어요?
Can you wrap it up?

200

길 좀 알려주실 수 있어요?
Can you tell me the way?

STEP 2 » 3번 쓰기   STEP 3 » 말하기

✎ Can you help me?

✎ Can you repeat that?

✎ Can you do me a favor?

✎ Can you wrap it up?

✎ Can you tell me the way?

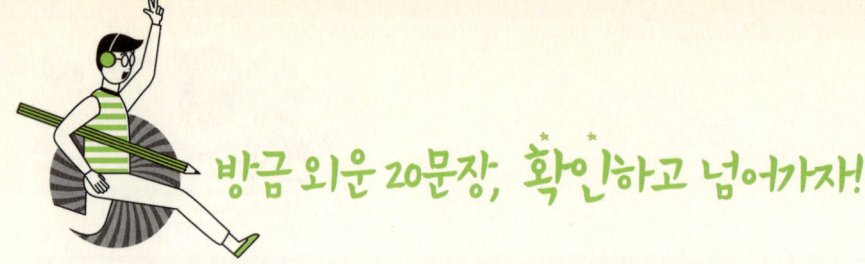

방금 외운 20문장, 확인하고 넘어가자!

이 말, 영어로는 뭐라고 할까요? 다시 한번 쓰면서 말해 보세요.

다시 말해 줄래?	그녀를 잊을 수가 없어.
네가 하는 말을 믿을 수 없어.	운전면허 시험에서 떨어졌다니 믿을 수 없어.
부탁 좀 들어줄 수 있어요?	환불 되나요?
내가 해고당하다니 믿을 수 없어.	너한테 눈을 뗄 수가 없어.
난 전혀 이해할 수 없어.	내 눈을 믿을 수 없어.
메시지 남겨 드릴까요?	더 이상 널 믿을 수 없어.
너랑 함께 가도 돼?	나 좀 도와줄래?
길 좀 알려주실 수 있어요?	나 그렇게 일찍 못 일어나.
뭐 좀 물어봐도 돼?	전화번호 좀 알 수 있을까?
생각을 멈출 수가 없어.	포장해 주실 수 있어요?

영어패턴 필기노트

How was...? ~어땠어?
How about...? ~할까?, ~어때?
How many/much...? 얼마나 많이 ~해?
How often...? 얼마나 자주 ~해?

일단 듣기 MP3 201-220
회화 연습 MP3 201-220

내 머릿속 지우개는 NO!
효과 100% 절대 암기법

일단 듣기 → 쓰면서 자동암기 → 회화연습

How was...?
~ 어땠어?

MP3 201-220

STEP 1 » 일단 듣기

201

오늘 어땠어?
How was today?

202

음식은 어땠어?
How was the food?

203

휴가 어땠어?
How was your vacation?

204

학교생활은 어땠어?
How was your school life?

205

출근 첫날 어땠어?
How was the first day at work?

MP3 201-220

STEP 2 » 3번 쓰기   STEP 3 » 말하기

✏️ How was today?

✏️ How was the food?

✏️ How was your vacation?

✏️ How was your school life?

✏️ How was the first day at work?

111

How about...?
~할까?, ~ 어때?

STEP 1 » 일단 듣기

206

이건 어때?
How about this?

207

네 의견은 어때?
How about your opinion?

208

오늘 저녁 어때?
How about dinner tonight?

209

새 옷 입어 보는 게 어때?
How about trying on new clothes?

210

걔한테 기회를 주는 게 어때?
How about giving him a chance?

STEP 2 » 3번 쓰기   STEP 3 » 말하기

✏ How about this?

✏ How about your opinion?

✏ How about dinner tonight?

✏ How about trying on new clothes?

✏ How about giving him a chance?

How many/much...?
얼마나 많이 ~해?

STEP 1 » 일단 듣기

211

너희 가족은 몇 명이야?
How many are there in your family?

212

그 반에 몇 명이나 있어?
How many people in the class?

213

내가 몇 번을 말해야 하니?
How many times do I have to tell you?

214

그거 얼마야?
How much does it cost?

215

돈이 얼마나 필요해?
How much money do you need?

STEP 2 >> 3번 쓰기   **STEP 3 >> 말하기**

✏ How many are there in your family?

✏ How many people in the class?

✏ How many times do I have to tell you?

✏ How much does it cost?

✏ How much money do you need?

How often...?
얼마나 자주 ~해?

STEP 1 » 일단 듣기

얼마나 자주 술을 마셔?
How often do you drink?

부모님한테 얼마나 자주 전화해?
How often do you call your parents?

머리는 얼마나 자주 깎아?
How often do you get your haircut?

메일을 얼마나 자주 확인해?
How often do you check your email?

사우나에 얼마나 자주 가?
How often do you go to the sauna?

STEP 2 » 3번 쓰기 　　　　　　　　　　　STEP 3 » 말하기

✎ How often do you drink?

✎ How often do you call your parents?

✎ How often do you get your haircut?

✎ How often do you check your email?

✎ How often do you go to the sauna?

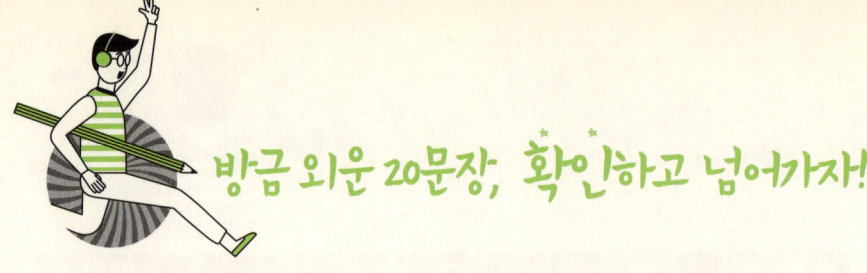

방금 외운 20문장, 확인하고 넘어가자!

이 말, 영어로는 뭐라고 할까요? 다시 한번 쓰면서 말해 보세요.

머리는 얼마나 자주 깎아?	음식은 어땠어?
내가 몇 번을 말해야 하니?	학교생활은 어땠어?
사우나에 얼마나 자주 가?	오늘 저녁 어때?
걔한테 기회를 주는 게 어때?	그 반에 몇 명이나 있어?
새 옷 입어 보는 게 어때?	부모님한테 얼마나 자주 전화해?
너희 가족은 몇 명이야?	휴가 어땠어?
얼마나 자주 술을 마셔?	그거 얼마야?
돈이 얼마나 필요해?	네 의견은 어때?
오늘 어땠어?	메일을 얼마나 자주 확인해?
출근 첫날 어땠어?	이건 어때?

영어패턴 필기노트

What do you…? 뭐 ~해?
What did you…? 뭘 ~했어?
What kind of…? 어떤 종류의 ~?
What if…? ~하면 어쩌지?

일단 듣기
🎧 MP3 221-240

회화 연습
🎧 MP3 221-240

내 머릿속 지우개는 NO!
효과 100% 절대 암기법

일단 듣기 ➡ 쓰면서 자동암기 ➡ 회화연습

What do you...?
뭐 ~해?

MP3 221-240

STEP 1 >> 일단 듣기

221

뭘 기대하는 거야?
What do you expect?

222

네가 나에 대해서 뭘 알아?
What do you know about me?

223

네가 진짜로 원하는 게 뭐야?
What do you really want?

224

나에 대해서 어떻게 생각해?
What do you think of me?

225

여가 시간에는 보통 뭐 해?
What do you usually do in your free time?

STEP 2 » 3번 쓰기　　　　　　　　　　STEP 3 » 말하기

✏ What do you expect?

✏ What do you know about me?

✏ What do you really want?

✏ What do you think of me?

✏ What do you usually do in your free time?

What did you...?
뭘 ~했어?

STEP 1 >> 일단 듣기

너 뭐라고 말했어?
What did you say?

지난 주말에 뭐 했어?
What did you do last weekend?

뭘 알아냈어?
What did you find out?

점심때 뭐 먹었어?
What did you have for lunch?

어렸을 때 뭐가 되고 싶었어?
What did you want to be when you were little?

STEP 2 » 3번 쓰기   STEP 3 » 말하기

✎ What did you say?

✎ What did you do last weekend?

✎ What did you find out?

✎ What did you have for lunch?

✎ What did you want to be when you were little?

What kind of...?
어떤 종류의 ~?

STEP 1 » 일단 듣기

231

어떤 음식 좋아해?
What kind of food do you like?

232

어떤 종류의 영화를 좋아해?
What kind of movies do you like?

233

어떤 남자를 찾고 있어?
What kind of man are you looking for?

234

어떤 것들이 널 짜증 나게 해?
What kind of things annoy you?

235

거기에 어떤 종류의 상품들이 있나요?
What kind of goods are there?

STEP 2 >> 3번 쓰기   STEP 3 >> 말하기

✎ What kind of food do you like?

✎ What kind of movies do you like?

✎ What kind of man are you looking for?

✎ What kind of things annoy you?

✎ What kind of goods are there?

What if...?
~하면 어쩌지?

STEP 1 » 일단 듣기

236

내가 틀렸으면 어쩌지?
What if I was wrong?

237

걔가 안 된다고 하면 어쩌지?
What if he says no?

238

해고당하면 어쩌지?
What if I get fired?

239

누가 날 봤으면 어쩌지?
What if somebody saw me?

240

걔가 나한테 전화 안 하면 어쩌지?
What if she doesn't call me back?

STEP 2 » 3번 쓰기　　　　　　　　STEP 3 » 말하기

✏️ What if I was wrong?

✏️ What if he says no?

✏️ What if I get fired?

✏️ What if somebody saw me?

✏️ What if she doesn't call me back?

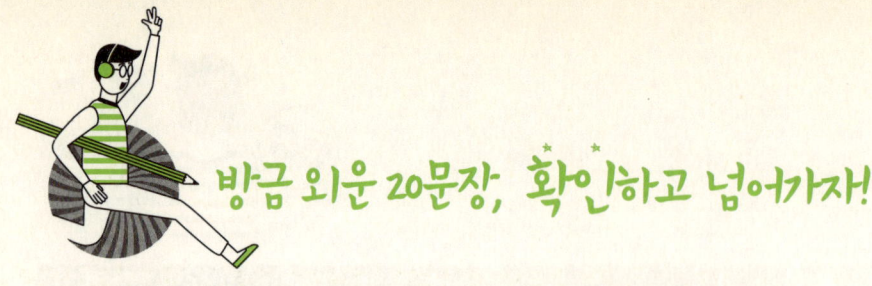

방금 외운 20문장, 확인하고 넘어가자!

이 말, 영어로는 뭐라고 할까요? 다시 한번 쓰면서 말해 보세요.

뭘 기대하는 거야? ✏️	어떤 종류의 영화를 좋아해? ✏️
내가 틀렸으면 어쩌지? ✏️	네가 진짜로 원하는 게 뭐야? ✏️
거기에 어떤 종류의 상품들이 있나요? ✏️	걔가 안 된다고 하면 어쩌지? ✏️
어떤 음식 좋아해? ✏️	뭘 알아냈어? ✏️
해고당하면 어쩌지? ✏️	어떤 것들이 널 짜증 나게 해? ✏️
너 뭐라고 말했어? ✏️	지난 주말에 뭐 했어? ✏️
누가 날 봤으면 어쩌지? ✏️	여가 시간에는 보통 뭐 해? ✏️
어떤 남자를 찾고 있어? ✏️	점심때 뭐 먹었어? ✏️
네가 나에 대해서 뭘 알아? ✏️	걔가 나한테 전화 안 하면 어쩌지? ✏️
어렸을 때 뭐가 되고 싶었어? ✏️	나에 대해서 어떻게 생각해? ✏️

영어패턴 필기노트

Why do you...? 왜 ~해?
Why did you...? 왜 ~했어?
Why don't you...? 왜 ~ 안 해?, ~하지 않을래?
When did you...? 언제 ~했어?

일단 듣기
MP3 241-260

회화 연습
MP3 241-260

내 머릿속 지우개는 NO!
효과 100% 절대 암기법

일단 듣기 → 쓰면서 자동암기 → 회화연습

Why do you...?
왜 ~해?

MP3 241-260

STEP 1 » 일단 듣기

241

왜 나한테 물어봐?
Why do you ask me?

242

이게 왜 필요해?
Why do you need this?

243

약은 왜 먹어?
Why do you take medicine?

244

넌 남자친구를 왜 좋아해?
Why do you like your boyfriend?

245

왜 선생님이 되고 싶어?
Why do you want to be a teacher?

MP3 241-260

STEP 2 » 3번 쓰기   STEP 3 » 말하기

✏️ Why do you ask me?

✏️ Why do you need this?

✏️ Why do you take medicine?

✏️ Why do you like your boyfriend?

✏️ Why do you want to be a teacher?

Why did you...?
왜 ~했어?

STEP 1 » 일단 듣기

246

갸한테 왜 말했어?
Why did you tell him?

247

나랑 왜 결혼했어?
Why did you marry me?

248

왜 또 전화했어?
Why did you call me again?

249

왜 부산에 갔어?
Why did you go to Busan?

250

왜 전 직장을 그만뒀어?
Why did you leave your last job?

STEP 2 » 3번 쓰기　　　　　　　　　STEP 3 » 말하기

✎ Why did you tell him?

✎ Why did you marry me?

✎ Why did you call me again?

✎ Why did you go to Busan?

✎ Why did you leave your last job?

Why don't you...?
왜 ~ 안 해?, ~하지 않을래?

STEP 1 » 일단 듣기

같이 하지 않을래?
Why don't you join us?

번호 바꾸지 않을래?
Why don't you change your number?

입어 보지 않을래?
Why don't you try it on?

여기 앉지 않을래?
Why don't you have a seat?

전화 좀 받지 않을래?
Why don't you pick up the phone?

STEP 2 » 3번 쓰기　　　　　　　　STEP 3 » 말하기

✎ Why don't you join us?

✎ Why don't you change your number?

✎ Why don't you try it on?

✎ Why don't you have a seat?

✎ Why don't you pick up the phone?

When did you...?
언제 ~했어?

STEP 1 » 일단 듣기

256

그거 언제 샀어?
When did you buy it?

257

너 거기 언제 갔어?
When did you go there?

258

여기 언제 왔어?
When did you come here?

259

걔를 마지막으로 본 게 언제야?
When did you see her last?

260

오늘 언제 일어났어?
When did you get up today?

STEP 2 >> 3번 쓰기　　　　　　　　　　　STEP 3 >> 말하기

✏️ When did you buy it?

✏️ When did you go there?

✏️ When did you come here?

✏️ When did you see her last?

✏️ When did you get up today?

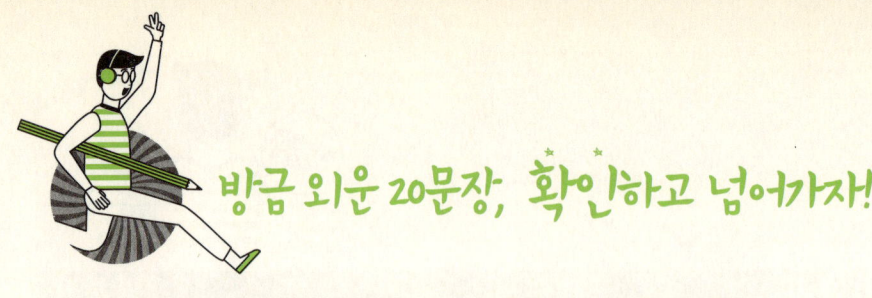

방금 외운 20문장, 확인하고 넘어가자!

이 말, 영어로는 뭐라고 할까요? 다시 한번 쓰면서 말해 보세요.

왜 선생님이 되고 싶어? ✎	왜 전 직장을 그만뒀어? ✎
왜 나한테 물어봐? ✎	그거 언제 샀어? ✎
여기 언제 왔어? ✎	왜 또 전화했어? ✎
나랑 왜 결혼했어? ✎	걔를 마지막으로 본 게 언제야? ✎
왜 부산에 갔어? ✎	여기 앉지 않을래? ✎
너 거기 언제 갔어? ✎	이게 왜 필요해? ✎
걔한테 왜 말했어? ✎	약은 왜 먹어? ✎
입어 보지 않을래? ✎	전화 좀 받지 않을래? ✎
넌 남자친구를 왜 좋아해? ✎	같이 하지 않을래? ✎
번호 바꾸지 않을래? ✎	오늘 언제 일어났어? ✎

영어패턴 필기노트

Where is…? ~ 어디야?, ~ 어디 있어?
Where do you…? 어디서 ~해?
Where did you…? 어디서 ~했어?
Where can I…? 어디서 ~할 수 있어?

일단 듣기 🎧 MP3 261~280
회화 연습 🎧 MP3 261~280

내 머릿속 지우개는 NO!
효과 100%
절대 암기법

일단 듣기 → 쓰면서 자동암기 → 회화연습

Where is...?
~ 어디야?, ~ 어디 있어?

MP3 261-280

STEP 1 » 일단 듣기

261

민호 어디 있어?
Where is Minho?

262

내 휴대폰 어디 있어?
Where is my phone?

263

주차장은 어디야?
Where is the parking lot?

264

너희 학교는 어디에 있어?
Where is your school located?

265

가장 가까운 지하철역은 어디에요?
Where is the nearest subway station?

STEP 2 >> 3번 쓰기

✎ Where is Minho?

✎ Where is my phone?

✎ Where is the parking lot?

✎ Where is your school located?

✎ Where is the nearest subway station?

STEP 3 >> 말하기

Where do you...?
어디서 ~해?

STEP 1 » 일단 듣기

266

서울 어디에 살아?
Where do you live in Seoul?

267

너는 어디서 쇼핑해?
Where do you go shopping?

268

걔 어디서 만나?
Where do you meet him?

269

음악 어디에서 다운받아?
Where do you download music?

270

어디 가고 싶어?
Where do you want to go?

STEP 2 » 3번 쓰기

STEP 3 » 말하기

Where do you live in Seoul?

Where do you go shopping?

Where do you meet him?

Where do you download music?

Where do you want to go?

Where did you...?
어디서 ~했어?

STEP 1 » 일단 듣기

271

그거 어디서 찾았어?
Where did you find it?

272

어젯밤에 어디에서 잔 거야?
Where did you sleep last night?

273

차 어디에 주차했어?
Where did you park your car?

274

쿠폰 어디에서 구했어?
Where did you get the coupon?

275

저녁 어디서 먹었어?
Where did you go out for dinner?

STEP 2 » 3번 쓰기   STEP 3 » 말하기

✎ Where did you find it?

✎ Where did you sleep last night?

✎ Where did you park your car?

✎ Where did you get the coupon?

✎ Where did you go out for dinner?

Where can I...?
어디서 ~할 수 있어?

STEP 1 » 일단 듣기

276

널 어디서 찾을 수 있어?
Where can I find you?

277

그거 어디서 살 수 있어?
Where can I buy that?

278

택시는 어디서 탈 수 있어?
Where can I take a taxi?

279

어디에서 더 많은 정보를 얻을 수 있어?
Where can I get more information?

280

온라인 무료 영화 어디서 볼 수 있어?
Where can I watch free movies online?

STEP 2 » 3번 쓰기　　　　　　　　　　STEP 3 » 말하기

✏ Where can I find you?

✏ Where can I buy that?

✏ Where can I take a taxi?

✏ Where can I get more information?

✏ Where can I watch free movies online?

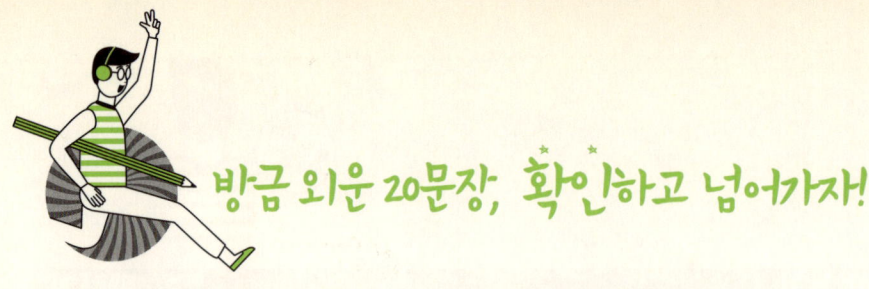

방금 외운 20문장, 확인하고 넘어가자!

이 말, 영어로는 뭐라고 할까요? 다시 한번 쓰면서 말해 보세요.

너는 어디서 쇼핑해?	주차장은 어디야?
온라인 무료 영화 어디서 볼 수 있어?	서울 어디에 살아?
음악 어디에서 다운받아?	저녁 어디서 먹었어?
널 어디서 찾을 수 있어?	어디 가고 싶어?
그거 어디서 찾았어?	택시는 어디서 탈 수 있어?
너희 학교는 어디에 있어?	그거 어디서 살 수 있어?
쿠폰 어디에서 구했어?	걔 어디서 만나?
어디에서 더 많은 정보를 얻을 수 있어?	민호 어디 있어?
어젯밤에 어디에서 잔 거야?	내 휴대폰 어디 있어?
가장 가까운 지하철역은 어디에요?	차 어디에 주차했어?

영어패턴 필기노트

Let's... ~하자
Let's not... ~하지 말자
Let me know... ~ 알려줘
Don't forget to... ~하는 거 잊지 마

일단 듣기
🎧 MP3 281-300

회화 연습
🎧 MP3 281-300

내 머릿속 지우개는 NO!
효과 100%
절대 암기법

일단 듣기 → 쓰면서 자동암기 → 회화연습

Let's...
~하자

STEP 1 >> 일단 듣기

281

여기서 나가자.
Let's get out of here.

282

한번 보자.
Let's have a look.

283

오늘은 여기까지 하자.
Let's call it a day.

284

간단히 뭐 좀 먹자.
Let's grab a bite.

285

연락하고 지내자.
Let's keep in touch.

STEP 2 » 3번 쓰기

✏️ Let's get out of here.

✏️ Let's have a look.

✏️ Let's call it a day.

✏️ Let's grab a bite.

✏️ Let's keep in touch.

STEP 3 » 말하기

Let's not...
~하지 말자

STEP 1 » 일단 듣기

286

다시는 이거 하지 말자.
Let's not do this again.

287

오늘 밤엔 나가지 말자.
Let's not go out tonight.

288

그것에 대해서는 얘기하지 말자.
Let's not talk about it.

289

여기 너무 오래 머무르지는 말자.
Let's not stay here too long.

290

내일 일은 생각하지 말자.
Let's not think about tomorrow.

STEP 2 » 3번 쓰기 **STEP 3 » 말하기**

Let's not do this again.

Let's not go out tonight.

Let's not talk about it.

Let's not stay here too long.

Let's not think about tomorrow.

Let me know...
~ 알려줘

STEP 1 » 일단 듣기

291

결과 알려줘.
Let me know the result.

292

오면 알려줘.
Let me know when you come.

293

어떻게 하는 건지 알려주세요.
Let me know how to do it.

294

뭐가 필요한지 알려줘.
Let me know what you need.

295

잘못된 게 있으면 알려주세요.
Let me know if something is wrong.

STEP 2 >> 3번 쓰기

✎ Let me know the result.

✎ Let me know when you come.

✎ Let me know how to do it.

✎ Let me know what you need.

✎ Let me know if something is wrong.

STEP 3 >> 말하기

Don't forget to...
~하는 거 잊지 마

STEP 1 » 일단 듣기

296

나한테 전화하는 거 잊지 마.
Don't forget to call me.

297

그거 가져오는 거 잊지 마.
Don't forget to bring it.

298

열쇠 반납하는 거 잊지 마.
Don't forget to return the key.

299

소원 비는 거 잊지 마.
Don't forget to make a wish.

300

우산 가져가는 거 잊지 마.
Don't forget to take your umbrella.

STEP 2 » 3번 쓰기　　　　　　　　　　STEP 3 » 말하기

✎ Don't forget to call me.

✎ Don't forget to bring it.

✎ Don't forget to return the key.

✎ Don't forget to make a wish.

✎ Don't forget to take your umbrella.

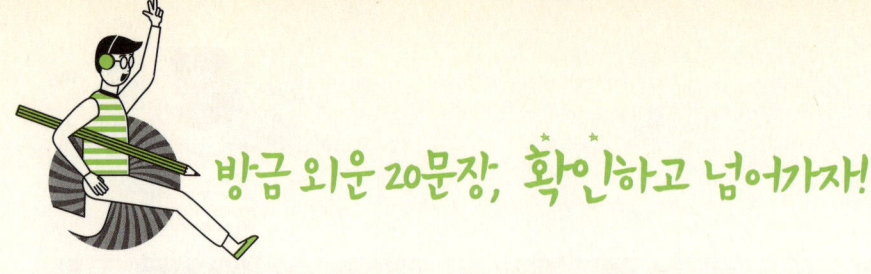

방금 외운 20문장, 확인하고 넘어가자!

이 말, 영어로는 뭐라고 할까요? 다시 한번 쓰면서 말해 보세요.

그거 가져오는 거 잊지 마.	소원 비는 거 잊지 마.
그것에 대해서는 얘기하지 말자.	한번 보자.
뭐가 필요한지 알려줘.	오늘 밤엔 나가지 말자.
열쇠 반납하는 거 잊지 마.	결과 알려줘.
어떻게 하는 건지 알려주세요.	우산 가져가는 거 잊지 마.
오늘은 여기까지 하자.	다시는 이거 하지 말자.
오면 알려줘.	내일 일은 생각하지 말자.
여기서 나가자.	연락하고 지내자.
잘못된 게 있으면 알려주세요.	나한테 전화하는 거 잊지 마.
여기 너무 오래 머무르지는 말자.	간단히 뭐 좀 먹자.